최상의 날들을 위하여
네 번째 이야기

최상의 날들을 위하여

초판 1쇄 인쇄 | 2017년 3월 16일
초판 1쇄 발행 | 2017년 3월 23일

지은이 | 서재철
교정/편집 | 김현미 / 권윤미 / 김보영
표지 디자인 | 김보영
펴낸이 | 서지만
펴낸곳 | 하이비전

신고번호 | 제 305-2013-000028호
신고일 | 2013년 9월 4일 (최초 신고일 : 2002년 11월 7일)

주소 | 서울시 동대문구 신설동 97-18 정아빌딩 203호
전화 | 02) 929-9313
홈페이지 | hvs21.com
E-mail | hivi9313@naver.com

ISBN 978-89-91209-82-4 (03810)

값 10,000원

최상의 날들을 위하여
네 번째 이야기

서재철 지음

하이비전

머리말

오늘 하루를 산다는 것은 하나님의 크신 사랑입니다.
종교개혁 500주년을 맞는 뜻 깊은 해에 이 책을 펴낼 수 있게 인도하심을 감사드리며 생명의 존귀함를 잃어버린 수많은 사람들이 있습니다.
우리는 하루아침 우리는 눈을 뜨면서 부활을 경험하며 하루의 일과를 지나고 밤 안식의 잠자리에 이를 때 우리는 죽음을 경험하는 것입니다. 그리고 새로운 아침을 기대하는 것입니다.
매일의 영적인 전쟁터에 우리가 살고 있다는 생각을 하면서 하루를 산다면 정말 행복한 날들로 가득 채울 수 있는 최상의 날들이 만들어 질 것입니다.
눈이 밝으면 온몸이 밝으리라 (마6:22) 말씀을 생각하면서 우리 일생이 백년시대를 살아가면서 꼭 참고해야 하는 선물이 되기를 기대합니다.
《최상의 날들을 위하여, 네 번째 이야기》를 쓰면서 기도시로서의 나침판의 역할을 감당하면서 영혼의 샘터처럼 시원한 생수가 우리의 삶 가운데 독자들에게 채워진다면 더 바랄 게 없습니다. 부록에서는 공식 행사에서 낭송했던 축시들을 모았습니다.
기도하는 마음으로 소리 내어 이 책을 읽으신다면 우리 영혼 속에 시원한 생수가 강같이 흐르게 될 것입니다.
설교 중에 시를 소개하는 시간 속에도 많은 은혜를 끼칠 것입니다.
틈틈이 쓴 이 작은 시들이 마음을 소망으로 파도치게 만들고 영원한 세계로의 문을 열 수만 있다면 우리의 고난은 인내할 수 있는 모습으로 새롭게 태어날 것입니다.
천하보다 귀한 영혼의 구령을 위한 아름다운 지침서가 되기를 희망하면서 축복 받는 새로운 날들로 채워가시기 바랍니다.
하이비전을 만나게 하신 것을 감사드리고 김선미 집사에게 감사드립니다.
톨스토이가 세 가지 질문을 받았을 때 가장 소중한 시간은 바로 지금이고, 가장 귀중한 사람은 지금 만나고 있는 사람이며, 가장 귀한 일은 지금 우리가 하고 있는 일이라고 한 말을 기억한다면 가장 성실한 삶으로 채우는 시간들이 될 것입니다.

2017년 3월 3일

서재철

차례

1부 그래도

2부 십자가

3부 행복한 날

부록 축시

1부

그래도

새날에

의미가 다른 태양 빛 비추고
정지된 시간처럼 흐르는 신비한 순간들
희망 품고 꿈을 피우며 시간을 난다
보호하심 인도하심 역사하시는 손길에
너와 나의 여행이 새롭게 시작되는 날
365일 한결 같아라

변화무쌍한 나날들 다가오리니
두렴 없어라
당당한 지혜자의 모습으로 서게 하여라
멋지게 살아라. 나누며 살아라
카이로스의 시간들에 은혜 넘치리. 평강 흐르리

박근혜 여성대통령 세워지고
첨단 민주화 세워지리라
경제대국으로 비상하리니
선교열정이 새로운 싹 피우고
희망날개 훨훨 날아오르리

빛 속에 빠른 시간을 타고
너와 나의 여행은 계속 되리니
나그네
본향 찾는 새로운 의미가 다가오는 길
2013년 첫날에
매일의 날들을 희락으로 춤추게 하는
기쁨의 샘물 머금은 평강 있으라
사랑눈빛 비추고 생명 살리어
영원을 보는 눈 밝혀 가리라
낮은 자 되어 청수로 흐르게 되리

감사노래

언제나 내일 있음이
희망이요
감사노래 부를 수 있음이
은혜라
감사향 가득히 넘쳐남이
노래요
생각이 깊어짐 속에
언제나 감사가 흐르네
감사는 신비의 묘약
감사노래 더욱 커져만 가네
감사노래 부르는 곳에
희망 선포되고
감사 채우면 슬픔 사라지리
감사수준 믿음수준
감사로 하루를 열고
감사로 내일을 본다
선택받은 사랑
날마다 감사로 기쁨을 연다

그날에

어느 날인가
홀연히 변화 되는 그날
우리 어떤 모습일까
이대로 좋을까?
지혜자의 모습이
준비하는 지혜
예비하는 신부되어
그 날을 맞이하리.

영광의 날
희비가 나누어지네.
양과 염소, 우리 함께
지혜자의 행렬에 서리
빛 되어 소금처럼 녹아져
섬김이로 쓰이기를
오늘도
기도드린다.

섭리

인도하심
보호하심
만나게 하심
모두가 신의 섭리라
은혜 섭리 생각하라 찬양하라
영과 육의 갈림길에서
언제나 의의 선택 속에
생명 평강 넘치게 되리

섬세하심 신묘막측하심
하나님의 시간 속으로
성실 가족으로 부르심이라
섭리 은혜라 사랑이라
깊은 고난에서도
희망의 빛 비추시리니
주의 섭리는 영원하리라
은혜로 백년
빛으로 백년

감사향

언제나 새롭다
아침이슬처럼
늘 희망을 품고
천진스런 아이처럼
감사향이 피워질 때
감사 선물 이어지네
믿음의 고백
사랑의 고백
은혜의 선포
감사향이라

만남에서
선택에서
희락의 춤 속에서
감사향 피어나고
매일처럼 다가오는 선택에서
감사승리 전하며 살리
섭리의 사랑에서

설날

해가 바뀐 새로운 날
각오가 새로워지고
지혜자의 모습으로 서게 되리라
새로운 해 새로운 날들에
희망 품고 날들을 간다

지난 해 생각하지 않고
미래의 꿈을 품으리
소망의 항구로 인도하시리
세초부터 세말까지 살펴주시리
불꽃처럼 눈동자처럼

설 명절
한해를 기원하며
임마누엘 보혜사
영원하시리

열정

불같아라. 타 오르라
열화처럼 바람과 함께
희망을 여는 성령바람으로
불어 흐르라
북녘 땅에도 중국 대륙에도
검은 아프리카에도
성령바람 거세게 불어 오르라

뜨겁게 거룩하게 힘 있게
날아오르듯 세계로 세계로
불어 오르라
성령의 불 복음의 불
생명의 불이여!
그 속에 녹아져
너와 나의 행복한 행진은
영원하리라

흰 돌

비밀스런 언약이라
받는 자만 알 수 있네
언약의 징표여라
감격하리라. 찬송하리라
흰 돌의 약속
선한 목자 그려진 하얀 접시
충성하라시는 채찍이요
생명 바치는 명령이시라
감격의 날
은혜의 날
최상의 날 이루어가리
낮아짐에서
섬김 속에서
충성의 모델 되어
주의 길을 함께 가리라
흰 돌의 언약과 함께

하루

눈을 밝히고 하루를 연다
저마다 다른 시간 속에서
시간을 난다
의미를 밝히자
자국이 남겨지니 어떤 자국일까?

감사로 열고 기도로 열고 찬양으로 여는 하루
전도구령 열정으로 행복이 보이고
미래가 보이고 희망이 새롭다
찰나로 이어지는 하루 천년을 산다

역사 위에 이어진 하루
다시 천년을 본다
주의 고귀한 선물
하루 열매 맺는
기쁨과 함께

사순절

고난의 언덕길
기도하신 순례길
고난의 폭풍이
불어 올 때에
승리의 길
은혜의 길
인도하시네.

사순절에 기도하는
순례자 되어
길을 가리라
구령 열정에
깊어지리라.

5.26 해피데이
생명 살리어
제자 삼으리.
주 닮아가리
섬김

겸손
미소와 함께
품어주고
세워주고
배려하는
도우미처럼
사순절에 주 닮으리라.
늘 평강 넘치시리라.

부활

새 생명 살려진 날
오늘이 부활일세
죽음 권세 깨어졌네
암울함에서 어두움에서
깊은 좌절에서 빛으로 부활 되리라
증오의 사슬에서 자유하리라
지친 영혼 힘을 얻으리
우울증에서 무력감에서 불면증에서 자유하리라
핵의 위험 전쟁의 공포 떠나가라
예수 지키시리
예수 사셨네
치유 하셨네
우리 살리시려 십자가 지시고
우리 살리시려 살아 나셨네.
부활 소식 전하라고 살아 나셨네
부활 인류의 희망
부활 생명의 축제
부활 사랑의 나눔
오직예수

부활예수
살아 나셨네
절대희망 예수 그리스도
절대예수
항상예수
부활예수
잠시 잠간 후면 다시 오시리
부활예수 다시 오시리
지체하지 않으시리
오늘 우리 예수함께
자유 평강 희망
가득하리라
부활의 날에
영광의 날에

야생화

야생화
바람 세파에 견디네
향기 새롭고
아름다운 자태 피어난
야생화
고난 속에 더 향기 짙고
고난 속에 채색된 아름다움이여
가시떨기처럼 평범 속에 피어난
불꽃처럼 사명자 세우는
하늘음성 들려짐처럼
향기 속에서
꽃의 아름다움에서
놀라우신 아버지 사랑
피어 있다네.
외로운 산장에 피어난 야생화여
하늘의 사랑
사인이여!

부활의 새날

희망이 피어나고
꿈이 새롭다
죽음권세 깨어진 날
사랑의 승리로다
피 뿌려지고 물 쏟아진 흔적
사랑의 흔적이여!
이제 부활하셔 자유하셨네.
보좌 우편에 앉으신 예수
새싹 솟아오르듯 죽음권세 깨뜨리셨네.
생명의 부활
자유의 선언
평강의 외침
예수 부활하셨네.
질병에서 건강이
어두움에서 새 빛이
절망에서 희망이 태동되었네.
우리 영광의 부활권세
함께 누리리.

봄비

새싹을 기다리는 마음
봄비로 생기가 돈다
푸르름을 향한 시작이다
갈한 심령에 봄비처럼 생수가 되어 흐르게 하라
꽃을 피우고 열매를 맺고 희망을 피우고
꿈을 이루는 풍성한 전도열매 맺혀지기를
5.26 해피데이

우리 매일의 날들을 그렇게 만들어 가자
봄비가 마음속에 내려지도록
생수가 심령 속에 흘러넘치게
봄비는 푸르름의 희망, 봄비는 열매의 풍요
좌절한 자에게도 슬픔에 젖은 이에게도
살포시 내려와 싹을 피운다
5.26 행복한 그날을 위해
베트남에도 북녘 땅에도 성실에서도
봄비가 내린다

하롱베이

산 그리고 바다
조화를 이루는 곳
수많은 아름다운 섬
무리지어 장관을 이룬다
특별하신 사랑
잔잔한 호수바다 알맞은 기후
섬세하신 주님의 사랑
성실 전도꾼
더 많은 열매 기대하시는
사랑의 관심 만남 남 해주
5.26. 해피데이
매일의 날들처럼
최상의 날들을 꿈꾸어 가리
하롱베이의 전설처럼
구령 열정 전설되리라
17인의 삼박오일 여정에서
자애로우신 사랑 보게 하시네

봄비 꽃을 피우다

촉촉한 단비
꽃을 피운다
화사한 벚꽃 만발하고
개나리 노란색 어우러져
단장된 산허리엔 목련꽃 무리지어
병풍처럼 둘러있네
수선화 예쁜 얼굴 웃음 짓고
조화를 이루는 아름다움은
낙원의 정취 느끼게 하신 은혜라
봄의 춤추는 꽃들 속에서
우리 5.26 해피데이
영혼사랑 꽃을 피우세
화사한 웃음 겸허한 섬김 빛들의 열정
꽃 피워 올리세
영광의 날들이 찾아오리니
우리 봄비에 젖은
십자가 군사로 전진 하리라
새롭게 피어오르리

사랑

가장 커다란 은사
아버지의 마음
품어주고 이해하는
그럴 수도 있어
위로하는 사랑
베풀고 나누고
덮어주는 아름다움
영원자의 속성
내 사랑 안에 거하라
자비의 음성 속에
녹아있는 사랑
서로 사랑하라
새 계명
율법의 완성이여!
5.26 해피데이는
사랑의 거룩한 열매
익어가리라
풍성하리라

오월에

풍성한 꽃들의 향기 가득한 달
가정에 아이들 웃음소리
사랑의 향기 넘쳐흐르리
천진한 아기의 미소
풍성한 어머니 사랑
자애 깊으신 아버지
가정은 천국의 모형
서로 이해하는 곳
서로 책임지는 곳
서로 포옹하는 곳
같은 방향 바라보는 곳
가정은 화창한 오월의 희망
믿음 더욱 새로워진다
밀알 드보라 함께 어우러져
오월 음악회와 함께
주의 사역자들 함께
오월 희망 사랑 함께
나누네

어버이 사랑

만남이 새롭고
은혜가 드넓은
망망대해처럼 지극한 모습
주고 또 주고 더 주고 싶은 모습은
창조주의 모습인 것을
다함이 없고 끝이 보이지 않는
깊으신 자애
불구하고의 사랑 덮어주는 사랑
속아주는 어머니 사랑
눈물로 이야기 하는
애절한 이야기 사랑
이해할 수 없는 것
모두 이해하시는 사랑
이 사랑은 고귀한 모성
이 사랑은 십자가 사랑
끝없이 품어주는 사랑
소중한 어버이 사랑

스승의 은혜

만남 속에서
새로운 은혜의 눈이 열리고
스승의 가르침 속에
생의 깊은 가르침 서려있으니
가히 그 은혜 얼마나 클까?
멘토는 비전의 표상, 꿈을 잉태하는 산모
스승!
크신 은혜 속에서 신앙은 성숙해 가고
풍요의 열매로 영글어 가네
어느덧 스승을 능가하는
모습 속에서 놀라는 모습
모두가 주님 사랑
모두가 스승의 은혜
감사 속에서 회고의 그림자에서
미래의 제자를 또 태동시킨다
스승의 크신 사랑
은혜 감사하면서
하루의 자국을 만들어간다

파라솔

곁에(파라)
사랑하는 영혼(솔) 가까이 있네
사랑 전하고 관심 보일 때
열매 맺고 하늘 기쁨 채우리
파라 곁에 있으신 솔 영혼의 생명이여!
언제나 곁에서 보호받네

곁에 있는 영혼 신음소리 들린다
곁에 있는 생명 고귀한 영혼
우리 파라솔
생명의 참가치를 드리워 오네
우리 하나됨으로 영혼사랑 세우리라
영혼사랑 할렐루야!
파라솔 찾아 생명 살리는
성실 전도꾼의 행복이라
오늘도 내일도 파라솔은
생명 살리는 샘터

해피데이

행복은 마음의 샘
생수를 길어 갈한 목 채우고
행복은 생각의 문 창문을 열어
태양을 본다

무한 공간에 꿈을 품고
창조적 생각에 잠기는
행복한 마음
환희의 기쁨
생명 살리는 아름다움은
행복의 극치로 다가오리라

모래성을 쌓은 아이를
목욕시킨 엄마 마음처럼
수술 끝낸 의사처럼
오늘 행복 마음
생명 살린다
해피데이 영원하라

천국의 주인공으로
참 평강 입혀지리
문들이 열려지고
병마가 떠나간다
하하 웃음 짓는
성실의 거룩 열매여!
천안성시화의 꿈
펼쳐 가리라
세계 속에 천안으로
선교의 꿈 펼쳐 가리라

호국

나라 생각 이웃 생각
나라 사랑 희생의 흔적
순국의 열사들
오로지 희생 오직 한마음
거룩한 희생 사랑의 열매
고귀한 희생 아름다운 마음들
유월에 생각나는
순국의 정신 지키심이 하나님
보호하심도 하나님 아버지 사랑일세
순탄 형통 기대하리라
남과 북. 미. 중. 한
바른 관계로 세워 지리라
호국의 달에
열사들을 기억하며

비움

공간이 생김은 비움이 있기 때문이다
비움은 희망
비움은 자유함
갈등 염려로 비우지 못하면
자신과의 싸움에 실패한다네
비움에서 내려놓음에서
평화가 웃음 속에 드리워지고
자유함이 날개짓하고
창공을 나르는 독수리처럼 힘이 있으라
고춧대 모두 뽑느라
피맺힌 아름다운 손이여
양을 사랑함이 유별하여
풍성한 열매 익어가고
관계는 더욱 아름답고
희망노래는 더 멀리 들리어진다
비움의 미학은
가득 채우는 신비한 보물인 것을…

베케션

쉼은 주의 은총
새로운 출발을 위하여
칼날을 세우듯
쉼은 새로운 도전
비전을 보게 하는 지혜
쉼은 새로운 회복
치유와 결단이 새롭다
쉼은 새로운 출발
더 멀리 보게 하는 지혜의 샘
쉼은 내려놓음
비운 공간을 채우게 한다

베케션의 시간은 사차원처럼
성숙을 향한 발돋움
새로운 시각이 열리고
새로운 청각이 세워지고
세우신다
높여주신다
베케션은 주님의 사랑

자연 속에 숨겨진
보물을 찾고
감성에 날개를 달고
창공을 비상하는
독수리처럼
복음 들고 십자가 높여
세계를 향한다

그래도

당신의 마음속
그래도 섬
아침빛 비추는
아름다운 섬

그래도 당신은 건강하잖아
그래도 가족이 있잖아
그래도 그대는 좋은 일터가 있고
그래도 친구가 있고
그대 위해 기도해 주는
성실인들이 있고
그래도 중보기도꾼들이 있잖아

당신의 마음속
그래도 섬에는
태양 되신 주님께서
언제나 비추고 계시기에

너무 행복한 그래도의 섬에는

지지 않고 태양이 언제나 비추이기에

희망의 태양

사랑의 태양

비전의 태양이 늘 비추는 섬

그래도

하늘나라

가까운 길
그리고 머언 길
하룻길처럼
우리 마음속 깊은 곳도
주님 모시면 하늘나라

내가 주인이 되면
하늘나라 멀어지고
주님 안에 계시면
가까이 있는 하나님 나라

고 박 순자 권사님
삼십년 성실 지킴이로
섬기셨던 자리
이제 하늘나라 입성하셨네
눈물 없고 이별 아픔 없는 곳으로
아브라함 품에 안겨
기도하시리

가까운 길
그리고 멀게 느껴지는 나라
하늘나라

믿음으로 가는 나라
우리 마음속 자리 잡은
주의 영이 계신 자리여
주의 영이 계신 곳에는
자유함이 있는 나라
하늘나라여!

파라클레토스

곁에 함께 계신 성령님
자유케 하신다
평안케 하신다
기름 부으심으로
눈을 밝게 하시고
귀를 열어 음성 주시리
욕망에서 벗어나
자유의 날개를 달고
평화의 사도가 되라

내려놓음으로
비움의 그릇으로
가라 하시면 가고
오라 하시면 순종하고
오직 주의 뜻을 따라
순종하리라
오리를 가라하면
십리를 가라

친구를 위해
생명을 잃으면
더 큰 사랑 없으리
파라크레토스여
행복의 영이시여
능력의 신이시여
평화의 영이시여
화합의 신이시여
오라 하소서

쌍곡 계곡

옥수가 흐른다
시원함으로 더위를 식히려 모여든 인파
아이를 잃고 억장이 무너지듯 한숨짓는 아빠
잃어버린 영혼 찾으시는 주님의 심정인 것을
잠시 후 찾았다는 소식이 전해질 때
반가움에 희열을 느낀다

아버지 마음 아는가?
주님의 피맺힌 소원을 보게 하셨다
우리 성실인들 주님의 심장을 달자
생명 살림이 그렇게 기쁜 일임을 함께 체험하기를

옥수가 흐르고 청수가 흘러도
영혼의 신음소리는 이어지고
듣지 않는 안타까운 영혼에
한숨 짓는 아빠 되어 애를 태운다
쌍곡 계곡의 아이 찾는
아빠의 심정으로

물소리

시원함을 더해주는 소리
무더위를 날려 보낸다
낮은 곳으로 계속 흐르는 보물
산 속에 강이 흐르고
그 물이 넘쳐 다시 흐른다
시원함을 배가시키는 물소리…
언제나 낮은 곳으로만 흐르는 것은
성령의 속성을 닮았기 때문이다
물과 성령과 피로 임하심을 본다
막히면 멈추어 서고
넘치면 다시 흐른다
끝없는 바다를 향해 여행을 한다
수증기 되어 오를 때까지
멈추지 않는 열정을 품고
정화해 주고 시원함을 주고
갈함을 채운다
생명을 살린다…

언약

새끼손가락 걸고
약속을 한다
우리는 언약의 백성
진리로 자유를 얻고
약속 지킴으로 축복 받는다

언약의 땅에 새 하늘 열리고
베리트 언약 속에
생명 있음을 기억하는 지혜를 열자
언약을 잊어버린
불쌍한 자들을 품어 기도드린다

언약 속에 평강이
언약 속에 행복이
언약 속에 자유함이 넘쳐 나리라
응답하심도
사랑하심도
함께하심도 언약이 있기 때문이리라

채송화

아스팔트 위에
한 송이 붉은 꽃 피어
생명력의 고귀함 보여 주네
생명 있는 씨앗
예쁜 꽃 피우듯이
우리 생명 있음을 확인하세
열매 있는가?
꽃은 피었는가?
제자는 삼았는가?
주님 물음에 대답할 수 있는가?
채송화에서 큰 교훈 되리
고귀한 생명력은 할 수 있다는 희망
주 안에서 모든 것이 가능하오니
고백 되리라
모든 것을 바라며 모든 것을 견디며
사랑실천 이루리
아스팔트 위에 피워진 꽃처럼

추모시

영원의 갈림길에서
어머니 먼저 보내드리며
낙원의 향취 가득한 곳으로
먼저 향하여 가소서
당신의 아들들
복음의 빛난 별이 되어
세계로 향하고
상한 심령들을 위하여
외치는 복음의 소리 되어
병든 교회 치료하는
세계적인 부흥사로 교회의 장로로
기름부어 세우셨어요

기쁨 가운데 이제
아브라함 품속에서 안식하소서
복음의 불길 계속 타오르도록
어머니의 기도 계속 드리소서
당신의 열매는 더욱 많은 풍성한 열매가 되어
한국 교계를 정화시키고

병든 심령을 치유하심을
기억하소서

다시 부활 속에서 만나는
그날은
더 밝은 모습 되어 뵈옵게 되리
영광스런 부활의 그날에
이제 눈물 없는 곳에서 편히 쉬소서
아픔 없는 곳
이별 없는 그곳에서 기도하소서
마음 조리시며
애지중지 양육하신 눈물의 기도는
자녀들 통해 주의 크신 역사 이루시리니
부활 때까지
영광의 날 이룰 때까지
편히 쉬소서
영광의 나팔소리
울릴 때까지

내 인생에 겨울이 오면

움추르는 차가운 겨울이 오면
이웃을 내 몸처럼
사랑했는가를 묻겠습니다

내 인생에 겨울이 오면
부지런히 복음의 열정으로
채웠는가를 물을 것입니다

내 인생에 겨울이 오면
정결한 신부의 성스러움으로
옷 입었는지를 물을 것입니다

내 인생에 겨울이 오면
작은 소자가 예수로
다가왔는지를 물을 것입니다

내 인생에 겨울이 오면 매일의 날들에
최선을 다했는가를 물을 것입니다
내 인생에 겨울이 오면

한가위

환한 보름달
마음도 시원스럽게
한가위 넉넉하다
모두를 품고
모두를 이해하는 그런 마음이다
그래서 사랑하고 그래도 사랑하는
그런 사랑으로 보름달과 함께 한다
가족들을 만나고
가족들을 이해하는 마음 품고 살자
달이 차면 기우는 법
기운 후 다시 차듯이
언제나 미래 속에 꿈을 키운다
한가위는 넉넉한 마음
용서와 화해의 물결이 넘친다
큰 파도에서는 서핑을 즐기고
언제나 성령과 함께 춤을 추리라
성실 공동체에서

화해

화난 얼굴인가?
해같이 밝아라
해같이 웃어라
화해!
화목제물 어린양을 보라
아버지와 자녀를 안아주고
이어주는 사랑
보혈 흘리신 사랑
화해하라
화목하라
이해하라
때론 이해할 수 없는 것까지도
존경하라
책임지라
화해는 사랑의 열매
화해는 관용의 결실
화해는 모두의 바람

바람

봄바람 싹을 틔우고
여름 시원한 바람 땀을 닦아주고
음란한 바람 패가망신한다
성령의 바람 생명을 살린다
바람 어떤 바람인가?
치료의 바람
성령의 바람 불게 하자
한국교계에 세계선교로
지구촌에 성령의 바람 불어오도록
생명 살리는 전도의 바람
바람 같은 성령이여!
천안에
충남에
한국에
불게 하여라

은혜

오늘 있음이 은혜라
보고 있음도 은혜요
듣는 귀 열림이 은혜요
오감 속에 느낄 수 있음이 은혜라
밝은 태양 빛 비춤도 은혜요
복된 너와 나의 만남이 은혜라
은혜는 아버지 선물
은혜는 거룩의 열매
은혜는 보혈의 상흔
은혜는 응답의 은총
은혜로 산다
은혜로 길을 간다
흔적 남기며
은혜로 미래를 연다
은혜는 거룩의 빛이시라
은혜는 파도를 타는 서핑
진흙 속에 핀 연꽃
은혜로 본향을 향한다

하루

스물 네 시간
낮과 밤 빛과 그림자
느낌 따라 길어지고 짧아지는 시간들
천년을 하루처럼 기다리심
놀라우신 아버지 사랑
하루의 의미가 깊어진다
영적인 전쟁터
하루하루 모아져 일생이 되네
지나간 시간들
다가오는 새날들
언제나 우리는 현재를 산다
오늘을 난다. 새처럼 갈매기처럼
하루 아름다운 일출도
황홀한 저녁노을도
대자연의 아름다운 연출
하루는 신의 고귀한 선물
오늘 하루 행복한 날들
은혜 속에서 오늘은 간다

가을

청명한 하늘
열매의 풍요
낙엽의 노래 붉게 물든 모습이다
색의 조화로 현란한 자태
가을의 노래여라
감동의 행렬 산행하는 이들의 기쁨
가을 정취에 눈을 연다
나의 열매는 무엇인가?
그림자를 따라가는 방황인가?
영원을 향한 쟁취인가?
성령의 열매 무르익는가?
제자는 삼았는가?
예복 입은 정결한 신부인가?
아직도 머뭇거리고 있는가?
가을 풍경에 감동하는 감성이 깊어진다
가을 하늘을 바라보며 꿈에 젖는다
바람에 발걸음 재촉하며
지구촌의 시계를 본다

낙엽

영롱한 색깔 속에
감탄 환호 한몸에 품고
수많은 인파를 끌어내던 너
이제 바람에 하나 둘
떨어져 버린 낙엽
바람 부는 대로
흩날리는 쓸쓸한 모습
목적도 정하지 않고
어디론가 뒹굴어 간다
이제 조용히 흙과 함께
기다림의 세월 속으로 가고
다시 새로운 기운을 심어 가리라
꽃이 피고 열매가 익을 때까지
여행은 계속 되리라

나그네

길을 간다
나그네 인생
본향 찾는 길을 찾는
짐을 가볍게 하고
길을 나선다

소박한 꿈을 품고
거추장스런 짐에
마음 두지 않고
길을 간다

본향을 찾는 거룩한 마음
사랑의 마음 품고서 간다
영원을 품고서 간다

그림자 인생을 보며
발걸음을 재촉하는 나그네
욕망도 떨쳐야 하고
미련도 버려야 한다

나그네 삶을 들여다보며
홀로 길을 간다
유혹과 산만하게 하는
수많은 요소들 뒤로 한 채
기쁨 속에 달려야 한다

의미 남기며 가세
우린 나그네인 걸
생각하면서
천성을 바라보며

축 성탄

고요한 밤하늘
유난히 밝은 별 비추고
동방의 박사들 귀한 예물 드리네
천군의 천사들 힘찬 찬양 소리
목자들 귀에 들려진 합창 평화의 노래
하늘에는 하늘 아버지께 영광
땅에서는 선택된 이들에게 평화
깊어진 죄악의 어두움에
빛을 밝히는 성탄의 노래
구주 나셨네 구세주 나셨도다
평화의 왕 오신 날
우리 함께 기뻐하세
불확실한 어두운 세대 속에
빛을 밝히는 성탄의 소식
아기 예수 나셨네. 만왕의 왕 오셨네
우리 함께 전하세. 우리 함께 기뻐하세
사랑의 돌봄에서 예수심장 달아보세
사랑의 눈을 밝혀보세

구령열정

가장 크신 명령
생명을 위한 선택
사랑을 위한 희망
시간을 드리고
마음을 모아 가라는
명령에 순종한다
나의 관심은 어디에
나의 초점은 누구에
나의 사랑은 누구에
주의 심장 달아 아버지 마음 품으리라
열정이 살아나고 기도 불타올라
전도사랑 입혀지면 행복해져요
예수 심장 달면 사랑 깊은 샘이 되죠
예수 나의 전부
예수 나의 치료
예수 나의 신랑
전하며 살리라

불꽃처럼

타오르는 열정 빛을 밝힌다
영혼사랑 긍휼의 눈을 뜬다
영혼 신음소리 들리는가?
천상과 음부의 갈림길을 보며
생명 길 좁은 길 향하여
눈을 밝히고 귀를 열고
생명의 길을 재촉한다
사랑하는 형제여! 자매여!
동행 속에서 구원의 생명의 빛을 보리라
불꽃처럼 타오르라
불빛처럼 비추어라
잠시 잠깐 후면
오시리라 하신 신랑 예수
기다리는 신부여!
특별새벽기도회 깨우는 열정 식지 않도록
지혜로운 모습으로
아름다운 자태로
언제나 타오르기를…

2부

십자가

세월

시간을 난다
끝자락에 서 있어
세월의 흐름을 보며
헤매는 나의 모습 헤아려 본다

2013년을 뒤로 하고
새로운 날
2014년을 기다린다
자국을 남기며 가리
나누며
베풀며
섬기며 살리

주름진 모습에서
초지일관
달려오게 하신 주시여!
모든 것이 은혜요
모든 것이 섭리요
모든 것이 은총인 것을

만남과 헤어짐
새로운 만남에서
소망의 빛 새롭게 비추어 온다
실망 오해 흐트러짐의 길에서도
언제나 감사의 마음으로
물을 긷는다

생수의 샘이 있어
희망 넘치고
새로운 빛 비추어 온다
세월
쉬지 않는 너
어느덧 친구가 되어
말벗이 되고
망설임의 틀을 벗어
도전정신 새롭다

세월
아버지 선물
아버지 크신 사랑이어라

비전

눈에 보이지 않아도
귀에 들리지 않아도
보이는 듯 잡을 수 있네
볼 수 없는 것을 보는 눈
비전이라
미래의 현실
시공간을 오가는
신비한 은혜
들리지 않는 것을
들을 수 있네

세미한 음성으로
가라 하시고
오라 하시듯
미래를 열고 계시니
비전 속에
새로운 꿈 펼쳐지리라
비전은 주님의 선물
비전은 감추어진 보물

고난 후에 펼쳐지는
희락의 열매
모든 것을 바라며
모든 것을 견디는
인내의 산실

유월절 은혜 속으로
계속되는 여행
비전의 노래
성실의 향연

동행

함께 하는 것은 아름답다
동행함은 행복한 여행
고난도 기쁨도 위로도
넘치는 의미를 남기는 여정
마음으로 이어지고 삶으로 표현된다
동행은 나그네 행복
함께 하기에 아름답고
함께 하기에 위로 되고
한 목표를 향하여 걷는 아름다운 시선
미소와 함께 시간을 난다
주와 함께 하는 생명의 기쁨은
생수가 흐를 때 기억되리라
동행 속에서 우리 열매를 맺고
동행 속에서 우리 눈물 흘리며
서로를 향한 사랑의 탑이 높아가는 길
새해는
꿈꾸는 자의 해가 되리라

설

까치가 울고 간 자리
새로운 날들이 밝아오고
새로운 결심 새기고
꿈 펼쳐가는 복된 길에 선다
함께 하는 자리 세워진 자리
준비된 자리 은혜의 자리
새해가 축복의 통로 되기를
설레이게 하는 미래가 한걸음 더 가깝다
미래 속에는 꿈도 많고 일도 많은 세대여!
이리 저리 헤매인다
우리 은혜 속에 살자
은혜의 눈을 밝히자
새날들에 하늘 은혜 새롭게 꽃을 피워
감사하자
열매를 맺자

선포

고백이 표현될 때
사랑이 전달될 때 혀끝의 권세여라
아버지께 들리어지게 공간을 휘저으면
소리가 힘이 된다
선포는 성취로 이어지고 하늘문 열리게 하리
선포는 승리의 언어
은혜의 능력 이어지도록 대기를 진동시키고
하늘보좌를 향하게 되리
선포는 꿈의 언어
선포는 응답의 비밀 미래의 현실
큰 꿈을 선포하라
크신 응답 기대하리
무한대의 가능성 아버지의 권세
비워진 마음에서 베푸는 사랑에서
선포는 기적의 산실

금메달

황금 메달
부러움의 대상
역사 속에 자국
각고의 노력 끝에 감격의 눈물 흘리는
빙판에서의 싸움 소치에서 소식 들린다
우리 있는 처소에서 복음의 증인이 될 때
궁창의 별처럼 비추게 되리
주님 주시는 황금 면류관 씌워지는 때
우리 감격의 눈물 흐르리
헌신에서
충성에서
생명 살리는
구령의 열정 속에서
희망을 열어 가리라
사랑을 심어 드리리

고 최 정애 권사 하늘나라 보내며

주를 사랑하는 마음에서
남편 박관서 장로님
보낸 후에도 한결 같은
사랑의 편지를 쓰시고
마음 달래려 그림에 마음 쏟아
천부적 소질도 보여주셨죠
투병 속에서 자녀들 효를 받으시면서
평화로운 얼굴 변함없으신 모습
영원한 나라 입성하시는
그날
하늘의 감동이 무지개로 표현 되셨네
사랑의 확증을 효심의 증거를
믿음의 확증 속에서 행복하신 모습 축사드려요
자랑스런 가문을 이어가는
자랑스런 자녀들 뒤로 한 채로
이제 아버지 나라에서 기도하시어
영원한 새아침 기다릴
사랑하는 행복하신 최정애 권사님

통일의 날을 꿈꾸며

토굴 속에서
눈물 흘리는 애절한 기도
하늘에서 풀어지는 때 가까이 오네
통일 세계 속에 우뚝 서기를
대한민국
끌어안고 함께 우는 기쁨의 그날
통일이여!
기쁨의 평화 통일로 다가오리라
슬픔 그치고 환희의 그날을 위한
기도 소리 높아
95년 전 삼월
하늘 메아리쳤던 만세소리가
통일과 함께 외쳐지리라
선교 대국도 경제 대국도
이루어지게 기도용사들 일어나기를
통일을 꿈꾸는 날에…

봄 여울

꽃샘추위 마다않고 따스한 봄바람 불어
나뭇가지 생기 돋아난다
새싹이 움돋아 눈을 뜨는 봄 여울
새로운 기운 봄 여울에
희망 새롭게 꿈 피어나라
외쳐지는 선포 속에
기적의 주인공으로 다가오리라
내 영혼도 봄 여울에 젖어
꽃 피우고 향기에 취해
기쁨 가득한 춤으로 화답하리라
은혜 속으로 감사향으로
사순절의 기도 속으로 힘껏 피어 오르리
봄 여울에 젖는 가슴
주님의 심장되어 열매 맺으리

고난

성숙의 기회여라
고난을 감사하며 바람 향한 날갯짓처럼
높은 창공에 오르라
고난 속에 핀 향기 나는 꽃 되어
사순절에 기도의 용사로
태어나고 희망을 연다
고난은 성장통처럼
더 높은 곳을 향한다
고난의 크기만큼
거인으로 커 가리라
고난은 소망의 산실
하늘 향한 귀 밝아지고
성품의 변화를 주네
보고 계신 하늘 아버지
부르시는 자애로우신 음성이여!
진흙 속에 핀 연꽃인가?
늘 기대감 속에서 고난을 환영하라
높이 오르라 기도의 날개를 펴고

천리향

향이 천리를 간다
소리 소문도 천리를 간다
복음향기
구령열정 천리를 간다
아버지 보좌 앞에 기억되는 일
천리향보다 더 멀리 향하기를 기도한다
긍휼의 눈을 밝히고 사랑의 눈을 뜨면
복음 전하는 제자가 된다
십자가 사랑 외치는 삶으로 비전을 연다
천리향보다 더 멀리 더 높이
파문을 열어 생명 살리고
기도의 향 사랑의 향 은혜의 향
전도의 향 감사의 향기
천안을
한국을
세계로…

십자가

아버지 뜻으로 고난의 잔 마시려
보혈 흘리신 예수
골고다 언덕에 오르시네
십자가의 고난
좁은 길 생명 길 열어 놓으시려
날 위해 피 뿌리신 사랑
내가 받을 형벌을
내가 받을 저주를 대신 받으신 사랑
그 놀라운 사랑 주시려
골고다 오르신 주님
어린 나귀 타신
겸손의 왕이시여
호산나 부르는 행렬 속에
심판주로 만주의 주 되신
왕으로 오신 예수여!
영광을 받으소서
영원히 영원히…

부활

인류의 새 희망 피어난 날
사망권세 깨어진 날
부활
예수 부활하셨네
자유함 평강 새로워져
부활 첫 열매 되셨도다
사망권세 이기신 날
생명의 부활하심이라
증오가 변하여 사랑으로
절망이 소망으로 변화되듯이
생명부활 영생부활
왕께서 부활하셨네
어두움 사망권세 깨어진 영광의 날
주님의 부활일세
두려움 사라지고 염려 근심 사라지고
부활 생명 예수 부활
영광된 환희의 날
영원하리라

날들

시간의 흐름
빠른 섬광처럼 날아가는가?
흐르는 눈물
더 흐를 눈물 마르고
의미를 잃고 신음한다
왜? 라는 물음과 함께
왜 하필 내 가족일까?
그렇게 사랑했는데
아무런 대답도 하지 않고
흐르는 바다처럼 매정한 모습
이제 새로운 눈을 밝혀
영원을 품자 부활이 있으니
영원한 하늘나라 펼쳐 있으니
눈물 없는 곳 웃음 가득한 그곳
이별이 없는 천국을 향해 눈을 밝히자
당당한 자태로 일어서서 새로운 날들을 향해
미소를 짓자
다시 만날 그날을 위해

모란 꽃

스칼렛의 밝은 색상
크고 탐스럽게 피어난
너의 아름다운 자태여!
매료하는 향기 진동하며
한껏 자랑한다
꽃말처럼 장군의 품격이 보여지고
행복한 결혼생활답다

스칼렛 붉은 피의 색깔
속죄의 치료의 보혈
골고다 언덕의 수난 속에
영원한 생명 길 열리었네
생명 길 열어 놓으신
예수
만물의 충만으로 입혀지셨네
모란 꽃 활짝 핀
뜰에서…

소망

기다림인가?
그리움인가?
누구나 내일의 기대감 속에
하루를 열고
삶을 산다

꿈이 현실로 다가오기를
기다림은 고통이 가중되는 시간인 것을
꿈을 열어가는 자태
소망으로 이어지고
때론 지혜자의 모습으로
비움을 노래하듯이 내려놓음이 행복인 것을
더 나은 나라가 있어 더 자유한 행복이 있어
피를 드리는 제물이 되어 찬미를 부르는
믿음이 되어 감사가 흐르고 기쁨이 새로워진다
생각하면 감사요 더 생각하면 감격이라
소망 있는 내일을 향해
시간을 열어가리라

초청

거룩의 부르심
생명의 소성으로
영원을 보는 눈이 밝아지고
평안을 경험한다
두 갈림길에
올바른 선택이 있기를

좁은 문 들어가는
지혜를 열자
그날에
영광의 날 되기를
그날에 평강 가득하기를
부르심 속에 드러나리라

생명과 사망
복과 화
우리 생명 복을 택하여
영생을 누리며 살리
해피데이

행복한 날에
내 영혼 춤을 추고
자유의 날개를 달고
안식의 언약 속으로
질주하는 지혜를 열자
행복을 위하여
생명을 위하여
사랑을 위해

비전

보이지 않는 것을 볼 수 있을 때 새로운 눈 밝아지고 영원을 보는 눈 밝아질 때 욕망에서 자유하리
높은 곳에 오르는 독수리처럼 멀리 보는 시야를 넓혀 가리라
옹졸에서 조급함에서 벗어나 새 노래 부르는 지혜자로 서야 하리라
비전은 희망
비전은 도전
비전은 도약
꿈을 품는 지혜
신의 성품 닮아가는 은혜 속에서 비상하는 자유함이 흐르고 파라크레토스 사랑 안에서 희망을 열어 가리라
비전은 주님의 선물
희망의 날개

하늘소리

바람결에서 들려오는 소리
아우성 신음하는 영혼의 소리
천사장 나팔소리
새들의 맑은 노랫소리
온갖 소리로 가득한 세상
생명의 소리
영혼을 살리는 애절한 소리되어 복음을 전한다
하늘 소리 계속 들리어 오는데 듣지 못하는 귀도 있다네
듣는 귀 복된 귀 되어 하늘 소리에 귀 기울여
명백한 좌표가 설정되고 새로운 희망 전파 되네
하늘 소리 듣는가?
하늘 소리에 귀 기울이는가?
생명 있음에 천국소망 넘침에
언제나 감사하리라
기뻐하리라
하늘 소리 멈추어질 때
하늘문 열리게 되리

현충일

순국의 희생
피 뿌려진 사랑
대한민국의 정체성에
이젠 아이티 강국으로
스포츠 강국으로 서게 하리라
통일의 기대감으로
더 큰 꿈 품고 일어나리라
슬픔을 딛고 새로운 눈을 밝히어
희망으로 나아가리라
순국의 선혈 흐르는 조국
미래 속에 경제대국을 꿈꾸고
선교대국으로 향하리라
애국애족의 사랑으로 세워 가리라
유월의 붉은 장미가 붉게 타오르듯이
희망의 꿈은 태동하리라
새로운 일꾼들 세워져 비전을 품고 가리라

붕어빵 전도

섬김이 사랑이오
오병이어가 기적을 낳아 마음을 연다
정성
사랑
애정이 담겨있어 복음을 받아들이네
붕어빵의 힘
사랑의 힘
섬기는 자의 능력
열심히 땀을 흘려 결실을 본다
만나게 하고 소망을 열고 생명을 살린다
주가 은혜 속에
더 큰 아버지 사랑 받도록 일하심을 보라
열정 속에 관심 속에 열매는 익어 가리라
붕어빵의 기적이
붕어빵의 사랑이
붕어빵의 섬김이
결실을 맺는다

육화

하얀 초롱 드리운 청초한 자태여
탐스런 우아함이 정숙한 여인처럼 피어나고
지혜로운 다섯 처녀 등불처럼 비추인다
준비된 지혜자 되어 신랑을 맞이하듯
때를 아는 지혜를 열자
희비가 나누어지는 잔치하는 자와 쫓겨난 자
우리 함께 지혜자 되어
등불을 밝히어 가세
육화의 자태에서 성실의 산실처럼
오늘 최상의 날로 열어 가리라
생명수 흐르는 곳에서

감사 은혜

눈을 뜨는 시간도
잠이 드는 시간도
감사 속으로 은혜 속으로 향한다
오감 있음이 감사요
귀한 성실인들 만남이 감사요
응답하심 또한 감사라 에벤에셀 감사요
여호와 이레 감사요 여호와 닛시 감사라
여호와 샬롬 감사요 믿음 주심 감사라
잘되는 친구 있어 감사요
도울 힘 있어 감사요 생각하면 감사요
듣는 맑은 소리 새소리 있음도 감사요
모두가 감사
모두가 은혜라
내일 희망 있음 감사요
행복한 만남 있음도 감사라
오늘 맥추절
감사 속으로
깊은 찬양으로 나아가리라

소통

마음으로 이어져
함께 하기를 주저하지 않고
이해하는 마음과 소통한다
소통은 사랑의 마음 소통은 부드러운 마음
모양은 달라도
하나의 의미를 향한다
소통은 하나 되게 하는 힘
소통은 폭넓은 대화
하나님과의 소통에서 영혼을 보며 역사를 본다
가장 영광스런 소통이라
실상의 모습이라
현상만 보는 눈 밝아져 커다란 하나를 본다
소통은 자유케 하는 힘
이웃과의 소통에서
기쁨 슬픔 함께 나누고
견고한 우정을 쌓아가는 것
서로 이해하는 서로 사랑하는
소통은
행복의 노래

베케션

쉼은 자유의 선물
아버지 사랑
새로운 패러다임의 꿈
창공을 나르는 날개
높이 오르면 멀리 보이듯
더 커진 꿈 태동하는 길
베케션
쉼은 감성의 눈을 밝힌다
대자연 속에 사랑을 본다
미래 가운데 펼쳐질 꿈을 노래한다
쉼은 천사의 날개
풍성한 선물을 전달하듯이
쉼 속에서 새로움을 향한 질주
더 넓게 더 깊게 더 높이 생각 하는 힘
쉼 속에서 회복의 사랑 찾아 가는 길
바다로 산으로 쉼을 찾아 떠난다

홀씨

바람 따라 길을 나선다
홀씨는 자리를 잡고
뿌리를 내린다
어디든 상관하지 않는 자유함
뿌리 내림
다시 꽃을 피우고
홀씨는 여행을 한다
바람결에 가라는 대로
씨 하나 매어달고 흩어지는
홀씨의 여행은 신비롭다
반드시 새로운 홀씨를
풍성하게 날려 보낸다
선교의 열정처럼
주 가라하시면 홀씨처럼 가오리다
다시 뿌리 내리고
사계의 아름다움을 본다
생명의 풍성함이
다시 바람을 난다

하늘 그림

청명한 파란 하늘
흰 구름 둥실 바람에 날고
멋진 그림 그리며 간다
변화무쌍한 작품들이 스쳐 지난다
찰나를 채우는 신비한 하나님의 미소가
그려지는 하늘은 하늘 게시판
번개가 치고 뇌성이 울려도
평화의 그림은 날마다 초마다
바뀌는 그림
거룩한 그분의 손길이 바람결에
은총의 눈길에서 그리며 간다
청명한 파란 하늘은 아버지의 사인북
오늘도 쉬지 않으시는
그분의 손길

평화의 성

모난 곳도 불안도 없는
평화의 도성
마음 한 켠에 쌓는다
사랑으로 믿음으로 소망을 품고서
평화의 성은 노래 소리 있어
평화의 성은 잔잔한 물결치는 곳

살랑이는 바람 부는 곳
허물이 보이지 않고
더 펴주는 사랑 있는 곳
평화의 성
모두가 그리워하는
불의한 자는 금지되는 곳
평화의 성으로 인도되기를
날마다 기다리는 마음
미가엘의 군대가 보호하는 성

한가위

둥근 넉넉한 달 떠 있네
알맞은 기후 풍요의 열매
깊으신 아버지 사랑
부모님 뵙고 감사하는 날
가족들 함께 모여 담소하네
한가위만 같아라
노래의 중추절
한 해 뿌려진 땀 결실하는 기쁨
30배 60배 100배의 모습이라
부모에게 효하는 날
창조주께 영광 돌리리
가을 중 최상의 날 한가위
맛난 음식 차리고
가족들 둘러앉아 웃음 짓는 날
창조주의 사랑을
확인하는 날

하루

일생의 축소판처럼
스물 네 시간
누구에게나 동일한 모습
의미가 다르고
목적이 다른 하루
오늘 하루
아버지의 귀한 선물
생명 살리는 고귀한 시간
만감이 교차하는 생각들
절대긍정의 감사 테라피 입혀지기를
만병통치 약제로 쓰여 지리라
감사향 테라피는 소성하는 지름길
하루 감사
매일 감사
열매 은혜 채워지리라
하루는 아버지 사랑
의미 남기는 시간들…

코스모스

가을의 정취
하늘거림이 바람결에 미소 짓는다
이별이란 꽃말은 슬픔의 모습이지만
재회의 약속이 있어 희망스럽다
우주라는 의미도 담겨 있음이
넓은 세계를 상상하게 하는 코스모스
갖가지 색깔 속에 여덟 이파리
우주를 상징하는 꽃잎처럼 무한한 모습
가을의 문턱에서
정겨움으로 이어지는 코스모스 길은
더 넓게 생각을 펼쳐 가는 길
갖가지 파란만장의 모습 속에 의미를 심는
코스모스 길

웃음꽃

스포츠에서
아시안게임에서
스프릿츄어에서
성령과 함께 꽃을 피우리라
밝음을
기쁨을
희망을
영혼사랑을
소중한 한 생명을 위하여
가장 아름다운 꽃
웃음꽃 피워 가리라
초월적 사랑 은혜
가득한 곳에 선한 목자의 자국으로
존경의 대명사로
물처럼 낮은 곳에서
섬김의 자국으로 꽃피워
열매로 익어가리라

겨자씨

생명이 있어
자라는 작은 겨자씨
점점 성장하는 신비
새들이 깃들고 성숙의 모습이 아름답다
믿음 살아있어 기적의 산실로 태어나라
겨자씨
심히 작은 모습이어도
광대케 하시는 지혜여라
약할 때 강하게 하심처럼
작은 겨자씨 통한 주의 역사라
희망의 씨앗이라
생명의 역사여라
기적의 은혜여라
겨자씨 은혜 넘치게 되리
칠천 칠만 광대한 주의 역사로

화평꽃

이해하는 마음
너그러운 마음
책임지는 마음
서로 존경하는 마음
서로 다름을 품어주는
아름다운 성품이여
황서 노회여 !
123회기 우리 서로를 감싸주는
이름다운 하모니 되어 거룩의 의미를 남겨가자
임이 오시는 그날을 위해 재림하시는 영광의 날에
용솟음치는 희열의 날을 위하여
황서 노회여!
총회의 꽃이여!
사랑으로 하나 되자
소망으로 길을 열고
믿음으로 행진하자
서로 사랑을 위해 재미있는 웃음꽃 피우고
철철 넘치는 우정으로…

물처럼

흐르는 청수
유리알 수정처럼 맑은 모습
언제나 낮은 곳으로 향한다
정겨운 물소리 함께
막히면 서고 넘치면 다시 흐른다
조급하지도 않고 서두름도 없다
묵묵히 시간 속에 맡긴 채로 여행을 한다
때로는 폭포가 되고
때로는 고요 속에 침묵의 시간이다
낮은 곳에서 더 낮은 곳으로
쉼 없이 흐르는 샘
주님 만나는 모습이 되어
순응하는 지혜를 열고
겸비함의 지혜를 모은다
흐르는 청수가 되어
매일의 날들에
희망을 채우며 흐른다

돌보심

아버지 사랑
어머니 관심
자연 속에 들려지는 소리
돌보심 애정 가득 피어나고
떠나지 않고 언제나 함께 하신다
엄마 품에 아이 모습
큰 평안 이어져
돌보심 사랑으로 자라나리라
눈동자처럼 보호권세로
전능의 팔로 안아 주시리
사방의 문 닫히어도 하늘의 문 여시는
주님의 크신 사랑 돌보심이라
나라의 지킴이로
역사 속에 임마누엘이
한결같이 변함없이
끝 날까지 돌보심이라

소명

부르심
인도하심
응답하는 지혜 속에 겸손의 열매 맺히고
무한하신 권능의 손길 느낄 수 있네
부르심은 은혜여라
그럼에도 불구하고 사랑이라
소명은 권세가 되어
비상하는 독수리처럼 높이 오른다
때로는 비바람 거세어도
더 높이 오를 수 있어 감사드린다.
기도의 날개를 펴면
납작 엎드리는 지혜 속으로
한걸음 나아가듯이
바라크 송축의 의미를 알아간다
창조주 앞에 귀 기울이고
경청으로 낮아져
더 큰 의미를 쌓아가리라

오늘

이 세상의 가장 귀한 하루
오늘
내일을 피어나게 하는 산실
오늘은 아버지 귀한 선물
누리게 하시는 생명의 신비
생명나무로 나아가는 길
사랑을 이야기하는 선율처럼
흐르는 샘이여!
낮은 곳으로 각종 나무 열매를 보며
이야기를 나누게 한다
오늘 생애 최고의 날
일생의 축소판처럼 한 올 이어지는 찰나
꿈이 피어오르고 새 생명이 이어지고
다시 피어나는 희망, 새 언약으로 가득하게 하는
사랑의 행렬
오늘 귀한 만남 속에 양의 편에 서게 하는
신실과 성실의 만남, 신랑을 만나는 설레임으로
가득 채우는 환희 오늘은 내일의 흔적
회복의 노래

열정

희망의 씨앗
최선을 향한다
오직 하나를 향한 불을 붙이듯
변화의 축복처럼 넘쳐 흐르리
굽히지 않고 낙심도 모른 채
길을 향하고 열정은 피어 오른다.
성결함으로 신전의식으로
거룩한 목표가 희망에 새롭다
열정은 열매의 산실
열정은 긍정의 행로 이루시는
전능자의 품성
몰입으로 이어지는 행운의 통로
생명을 살리는 구령의 사랑
식어지지 않는 열정
부흥을 부른다
생명의 교제 속에 영글어 간다
성실 뜰에서

감사향

감사가 은혜라
생각 속에 가득한 향
깊은 생각 속에 크신 은혜
생각하면 모두 감사
모두가 은혜라
형체 이전에 선택 받음
건강 속에 서게 하심도
복된 만남 속에 열매 맺음도
모두가 주님의 은혜
보혈 흘리심에 감사
피로 사신 바 되어 감사
오직 예수 바라봄에 깊은 감사라
형통케 하심에 감사
고난 속에 인내하게 하심도 감사
성숙의 의미 찾게 하시니 감사라
감사향은 미래 속에 길잡이처럼
푸르게 하고 아름답게 하는
청량제처럼 피어 오른다

미소

크신 선물
희망을 주고 기쁨 가득 채우는
환한 미소, 성령의 열매 희락의 꽃
근심걱정 소멸하고
비전을 새롭게 한다
미소는 마음 문 열고
미소는 행복나무라
생명 살리는 묘약처럼
미소는 아버지 선물
미소는 용서의 약속. 괜찮아, 그럴 수도 있어
미소는 위로의 산실
미소는 마음문 열고 생명 살리는 도구
미소로 살고 미소로 전하고 미소로 품어간다
미소는 풍성한 언약

섭리

아름다운 조화
섭리의 은총이라
주의 귀하신 뜻이어라
삼라만상에 색상에서
빈부고하의 모습에서
섭리는 주어지고 섭리를 이해하면
원수도 사랑하게 됨이
인애 자비 임하심일세
욕망의 늪에서 나오기를
기다리시는 주의 손길 사랑이라
오늘도 섭리의 은혜 속으로 여행을 한다
귀한 만남과 함께 은혜를 파도치게
은사를 활용하라
더 멀리 더 높이 담장을 넘는다
하늘에 높은 별이 되어 비추임처럼
은혜의 섭리는 여전하리라
영원토록 변함없으리

눈꽃

하얀 옷을 입고
설원의 풍경을 자아낸 맵시
가히 낙원을 연상한다
가지마다 조화를 이룬
하얀 눈꽃이 활짝 웃고 있는가?
창조주의 작품으로 한껏 웃음 짓고
모세상도 하얀 천사의 날개를 달고
장군처럼 서 있네
설원설릉을 연상하며 감동에 젖는다
하얀 마음에 그려진 빛의 조화처럼
나뭇가지마다 환상의 절정일세
사계의 그림으로 사명처럼 그려진 설경
그분의 높은 권세로 그분의 크신 지혜로
하늘도 열리고 해도 열리고
궁창도 열려 장관이어라
우리 눈을 열어
주의 기이한 것을 보게 하소서

축 성탄

때가 차매 낮은 곳으로 오신 주여
구유에 누우신 아기예수여 ¡
속죄를 위해
영생을 위해
구속의 완성자로 오신 예수여!
파멸로 절망으로 향하는 저들에게
평화의 왕으로 희망을 여시려
이 땅에 오셨도다.
하늘에서는 하나님께 영광
땅에서는 선택받은 자에게 기쁨
나누는 사랑 속에 생명 주시려
구유에 누우신 왕이시라
평화의 왕 만왕의 왕 생명의 주 오신 날
우리 성탄의 기쁨 채우고
사랑 은혜 가득 입히어
아기 예수께 경배하세
찬양 드리세 감사하세

끝자락

낭떠러지처럼 시간의 끝자락에 서 있네
영원의 길목처럼 무시간 속으로
종말을 향한 모습들
준비하는 지혜를 열자
끝자락에서 우리 영원을 보자
지혜를 열자
눈을 열어 주의 기이한 것을
보게 하시기를 기도드린다
끝자락은 오메가 포인트
끝자락은 시간의 종점
희망이 새로움으로 펼쳐지는 날
나의 마지막은 하나님 시작
주의 날개로 날아오르는
끝자락의 희망에 선다
더 높은 창공으로
나의 나 됨은 하나님 선물
나의 나 됨은 아버지 은혜
끝자락에 서서…

영지버섯

신비의 영약
신의 크신 선물
마지막 온 힘으로 피어나는 꽃처럼
죽어가는 나무에서 솟아나는가?
썩어진 밀알에서 새싹으로
백배의 결실로 맺어짐처럼
영지버섯 영약 되어 쓰여짐이라
내려놓고 비울 때 채워지는 신비의 은총
주는 희생 속에서 선물을 만드네
고귀하신 보혈 흘려 속죄양 되신 주
지구촌의 가장 커다란 보석되어
생명 살리신 사랑
생명 길
좁은 길
협착한 길
영원 생명 희락을 드러내셨네

3
부

행복한 날

깃발

승리의 깃발
평생 흔들어도 후회하지 않는
십자가 깃발
보혈 사랑 속죄 은혜 가득한 역사
깃발은 승리의 표상
깃발은 그룹의 형상
새해에도 변함없는 예수승리
십자가로 승리하리
우리 함께 흔들어 평생 행복 만들어가자
승리가 보이고 평화가 보이고
사명이 보이도록 깃발을 흔들자
나비효과처럼 지구촌을 덮을 수 있게
평화 사랑 희생의 십자가 깃발
부흥의 깃발을
북녘 땅에도 작은 섬에도
사랑 깃발 보혈 사랑 흔들어대자

통일맞이

우리들의 염원
자유케 되기를 희망한다
눈물의 기도들 모아져 하늘에 닿고
응답으로 내려지는 그날을 기대하리라
통일의 그날을 위해 하나됨의 큰 사랑
선교대국도
경제대국도
성취 되는 날을 기대하리라
통일맞이 설레임 속으로
품어주는 은혜로
때가 차기를 기다리는
통일맞이 기도회의 물결이 파도를 친다
문이 열린다. 어두움 사라진다
빛으로 화합으로 통일로 나아가리라

– 충남성시화 통일맞이 기도회에서

회복

원래의 모습으로의 귀환
회복의 꿈속에 머물러 그리며 간다
기다림으로 다시 새로워지기를
합력하여 선을 채우시는
은혜의 손길 사랑의 손길 주님의 소원
통일로 하나됨으로
회복의 역사 이루시기를 기도드린다
70년 포로에서 해방으로 광복의 기쁨 채워졌던
그날의 감격으로 채워지소서
회복으로 통일로
하나됨으로 자유함으로
민족의 염원 모아져
북녘 땅 지하 속에
간절한 기대가 이루어지소서
하나됨의 감격으로

성회

은혜라
섭리여라
귀한 생명의 만남 속에 펼쳐지는
천국 잔치라
사모하는 열정
부어지는 말씀
성령바람 불어 치유하신다
불만도 불평도 낙심도 사라지고
절대긍정의 비전으로 시대를 보게 하고
준비하는 지혜를 열어
생명바람 불게 하신다
은혜의 바람 은사의 바람
치유의 바람 불게 하신다
급하고 강한 바람처럼 새로움으로
예복 준비하는 지혜를 연다
봄의 기운이 새롭다
성회의 바람 민족에 불어
새바람 이루어가리

설날

까치 설날을 기억하게
지나간 설이 아닌
오늘의 설
새로움으로 가득하기를
소원하는 설 명절
어른들을 찾아보고
덕담을 듣는다
고향은 언제나 그리운 추억
어머니의 깊은 사랑 담겨지고
변하지 않은 관계 속에
설은 형제자매 우정을 확인한다
새로움을 향한 결심 속에서
한 해를 새롭게 출발한다
오직 예수로
오직 은혜로

부흥

새바람을 꿈꾸며 성령바람 불게 되기를
성령바람 불면 방하착(放下着) 의미 새겨지고
자유하게 되는 날
근심걱정 사라져 평강 희망 가득하거늘
부흥
성령바람 불어오면 새 마음 새 가치 기준
목적이 이루어져 열정 깊어지고
새 술의 의미를 알게 되리
부흥은 미래의 희망 현실로 채워지기를
꿈꾸는 기도
부흥은 변화의 노래
죽어짐에서 움돋는 새싹
부흥은 성령의 바람
성화의 깃발

만세소리

희망의 호소여라
나라사랑 민족혼 깨우는 소리
만세 소리
무력도 두렵지 않고
자유를 위하여 목이 터질세라
울부짖던 그날
곳곳에 무리지어 항오를 벌이는 피의 호소라
거리마다 태극기 흔들며 빛나는 눈빛들
모두 마음 하나 되고
96년 전 그 감격과 격동의 외침이
들리어 오듯 우리들 가슴 조이게 한다
자유를 향한
독립을 위한
애국의 희생이
피어난 그날 그 소리 지금도
공간 속에서 파문을 그리며
진동한다

보름

만월 밝은 밤하늘
정월 대보름
꿈 키우는 소망처럼 유난히 밝다
영적인 싸움터를 알아 가듯이
매일의 전쟁터에 서 있는 우리들
건강이 소원이고
성공이 소원이고
성도의 소원은 아버지의 섭리라
주의 뜻 이루기를
좁은 문도 싫지 않고
좁은 길도 기뻐하는 거룩한 자태
고난의 길 자처했던 믿음의 위인들처럼
대보름날 주의 소원 이루어 가세
주의 시각으로 보게 하시기를
주의 능력 제한하지 않기를
기대하리라

국가조찬기도

새벽의 기도 열기라
나라사랑 열매
열정 희망 돋보임이라
마지막 분단의 아픔
화합 평화 위한 모임
어려움 있을 때마다
기도는 응답의 산실 나라의 희망
절대자를 부르는 간절한 기대
국가조찬기도회
말씀이 흐르고 찬양이 열납 되고
대통령의 바람 나눈다
기도가 있음은 살아있음의 증거라
47회 기도의 향연 보좌에 이른다
국회가 기도로 시작한 나라
자랑스런 선교의 나라
주께서 세우시리

십자가

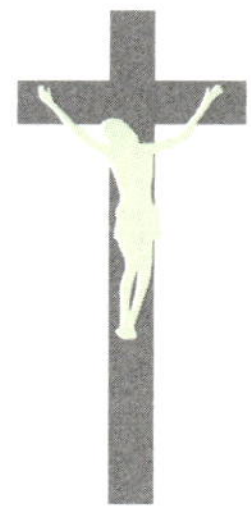

수평 사랑
수직 사랑 만나는 십자가
갈보리 언덕
만왕의 왕 피 흘리신 곳 십자가
우리의 저주의 무덤이라
가난도 저주도 질고도 묻힌 곳
영광의 십자가라네
십자가의 노래 부르고
십자가의 기쁨 이어져
영광의 눈으로 바라본다
십자가 나의 자랑 나의 희망
십자가 화평케 하신 사랑 도구여!
천국 희망도 십자가 사랑 때문에
우리 서로 사랑함도 십자가 은혜라
갈보리 언덕
십자가의 성자여!
은혜여! 사랑이여!

겸손의 왕

예수
나귀새끼 타신 왕
겸손하신 순종의 왕이시라
십자가에서 물과 피 쏟으시던 날
우리의 허물 죄 사하신 예수
속죄의 은총 사랑의 보혈 흘리셨도다
자유케 하시려
평강을 주시려
묵묵히 죽으신 예수
사망권세 깨뜨리시고 살아나셨네
영원한 생명 주신
사랑의 예수
겸손의 예수
어린양 예수
신랑 되신 나의 전부이신 예수시로다
지금도 동일하신 사랑의 예수여!

봄축제

꽃들의 향연
목련화 산수화 벚꽃
활짝 피어오르고
봄기운 가득한 향기로
봄의 축제로
부활 승리 생명 역사 드러내는
자연 속에 낙원의 모형 보여지는 봄
새로움으로 열매를 기대하는
화사한 조화 만개한 아름다움을
보는 눈 더 밝아온다.
사랑 사인
생명 사랑
아버지 사랑 보여지는데
머뭇거림의 나태함에서
부활 생명 채워 가리라
하늘문 여는 성회에서
생명 축제에서

희망의 속삭임

창조주의 귀에 속삭이어라
나의 간절한 기대를 마음에 품은 작은 소원이
하늘 높은 곳으로 올라 보좌 앞으로 인도되리니
속삭이는 작은 소리를 듣고 계시는
아버지 계심이 큰 행복이어라
읊조리는 소리
신음하는 소리
웃는 소리
다 듣고 계시니 얼마나 큰 행복일까?
우리의 미래가 활짝 열려 있음도
날마다 새벽을 깨우는 소리 있음이라
새벽의 사랑하는 동역자들 있음이 행복이리니
영원한 날들도 동일하게 사랑으로 가득 채우고
찬양 그리고 영광의 소리가 울려 질 것이니
희망의 속삭임이 계속되기를 언제나 기대하는 마음은
큰 희락의 열매로 가득 채워지리라

동행

함께 하는 기쁨
생명의 언약이라
동행하리라는 약속
축복의 은총이라
긴 여정 속에서 함께 하는
성실의 형제자매 있음이
주의 사랑일세
은총의 축복일세
영원으로의 초대에 대답한 공동체임을
확인하는 지혜여라
시공간을 초월하는
관심의 애정이 꽃을 피우고
기도 속에서
깊은 연민 속에서
하늘의 문을 여는
동행이어라

어린이 꽃주일

미래의 주인공
천진스런 모습에서 하늘 아버지의 품성을 봅니다.
꾸밈도 없고 거짓도 없는 해맑은 웃음소리가 행복하다
천국의 주인공으로 세워지는 이유를 알게 되지요
우리가 닮아야할 아름다운 품성
위선도 없고 있는 그대로 표현하는 모습들
순수하고 아름답고 감동을 주는 마음이리라
꽃주일
희망주일
미래의 나라가 보이는 마음들
때 묻지 않은 아름다움이
언제나 변함없기를 기도드린다
어느 시각장애자의 고백처럼 아이의 웃는 모습
사랑하는 아내의 얼굴
아름다운 꽃의 색깔을 볼 수 있다면
우리는 언제나 행복할 것을…

어버이 사랑

깊은 애정을 아끼지 않고
다 주어도 더 주고 싶은 마음
기도로 마음으로
돌보셨던 큰 사랑
잘 되라고 건강하라고
눈물지어 양육하심이라
어버이 크신 사랑
평생 간직하여
효자 되고 효녀 되어
행복가정 이루리라
열정 사랑
깊은 사랑
어버이의 크신 사랑
길이 알아주고 바르게 섬겨드려
장수하시니
행복이어라

행복한 날

행복은 어디에 있을까?
마음 한 켠에
불안의 요소 사라진 후
힘겨운 일을 마친 후
커피 한 잔의 여유를 품을 때
양심의 소리 속에 평정이 찾아 올 때
행복은 미래를 열고
영원의 자국을 들여다본다
순간처럼 지나온 세월의 자국
다시 피어날 희망의 꽃봉오리에
행복 가득 담겨 있듯이
생명의 말씀 속에 자유함, 평강 가득한 것은
행복의 극치를 경험하는 것
하루하루 나그네 길에서
행복한 날들을 향한 경주를 한다
행복한 날은 주님 만나는 날
생명수 흐르는
교회를 만나는 날

성령강림

바람처럼 생수처럼 기름처럼
불꽃처럼 임하시는 주
변화 속으로
은혜 속으로 인도하신다
감사가 살아나고
희망이 샘솟고 기쁨 넘치게 한다
보혜사 성령님, 파라크레토스여!
함께 곁에 내주하신다
위로의 영으로
보호의 영으로 채우시리라
언제나 희망처럼
감사의 극치로 감격케 하신다
성령 강림절에 바람처럼 임하소서
생수처럼 흐르소서
강하게 급하게 불꽃처럼 태우소서
한국에
북녘 땅에도 임하소서

오뚝이

일어서는 상징
결코 넘어지지 않는 열정
언제나 변함없는 자태
희망 상징처럼 서게 하리라
오뚝이
싱그런 실록의 계절에
오뚝이에게 시선을 모으면
결코 좌절을 모르는 모습이리라
오뚝이처럼 어떤 상황에서도
서게 하는 희망이다
문제를 보면 슬픔에 젖고
희망을 보면 웃음이 솟고
주님을 보면 언제나 가득한 사랑이 보여
만물의 충만을 기대하고
응답의 주 계시니 오뚝이 신앙 새롭게 되리
일어나라
주를 보라
언제나 굳센 승리로

은혜

샘처럼 흐르는 은혜
심연의 깨달음이라
온통 은혜 가득한 세상
볼수록 들을수록 깊어지는 것
은혜의 바다 보화가 가득한 곳
눈이 밝음에서 찾아지는 것
은혜여라 사랑이라
섭리의 은총이라
구속의 은혜
선택적 사랑
섭리의 은혜 가득한 나라
수난 속에도 여전히
은혜는 흘러가는데
깨달은 자만 볼 수 있는 것
강같이 흘러도
볼 수 없는 안타까움!

단비

축복의 장대비
가물어 애타는 농부의 가슴을
시원하게 기쁨을 주네
메마른 대지에 단비
갈한 심령에 축복의 장대비 기다리듯
쏟아지는 빗줄기에서
시원함 소유하듯이
심령에 생수로 임하소서
영혼을 소성케 하고
참 만족을 채우도록
메르스로 움츠러진 모습들 사라지고
성령의 장대비처럼 생명수 부으소서.
대자연에 흡족함을
심령에는 평강을
가득 가득 부어주신다
회생의 밝은 모습을 보며
함께 환호를 한다
조찬기도회에서
은혜가 넘쳐 흐른다

구원의 생명길 가시는 시장님
본향을 향한 경주자임을
언제나 기억하시며
영화로운 충절의 도시
천안 성시화를 이루어 가시리

오늘

가장 값진 하루
오늘은 내일을 향한 소망
소중한 날들
호흡이 있어 행복한 하루
만남이 있어 소중한 날 누릴 수 있음도
자유함도 오늘의 선물
영원에 눈을 밝혀 보게 하는 날
오늘을 산다
평강도 은혜도 사랑도 가득히 나누게 한다
오늘은 고난의 산실
행복을 채우는 그릇
꿈을 잉태하는 새날
오늘의 의미가 살면 행복한 날들이 온다
오늘은 크신 아버지 선물
향유의 은총
대자연의 소리 속에 시간을 난다
오늘 자유하라 행복하라

본향

나그네길 지나
영원한 쉼이 있는 본향을 향한다
눈물 이별 슬픔 없는 곳으로
본향은 의 희락 평강 가득한 곳
본향 찾는 나그네임을 기억하며
준비하는 지혜를 열자
잠깐 지나는 초로인생
밤의 한 경점처럼 지나는데
우리 사랑하며 살자
이해하며 살자 도우며 살자
본향에 이르게 되면
추억이 돼버리는 흔적들
아름답게 자국을 쌓으며 가자
본향에서 기다리는 이들을 위해

결혼

남과 여의 하나됨
신비 중에 복이라
충만을 정복을 명하심이라
행복의 시작이고 희생의 결실이라
서로의 이해 서로의 존경
서로의 사랑 열매 맺는 것
너를 위함이 나를 위함이듯
서로에서 싹트는 열매
서로가 같은 방향으로 바라보면서
길을 함께 동행 하는 것
때론 이해할 수 없는 것도
이해하도록 함께 노력하는 것
결혼은 아버지 축복
결혼은 아버지 사랑
천대를 바라보는 미래의 언약
둘이 있어 행복한
사랑하는 길

물처럼

낮은 곳으로의 여행
생명 살리는 사역 흐르는 맑은 소리
계곡의 시원한 안식처라
더위를 식힌다
막으면 서고 열리면 다시 흐르고
조급함 없는 자유함이라
물처럼 자유하라
낮은 곳에서 높아지는
비밀스런 진리를 본다
물처럼 낮아지게 하소서
물처럼 자유하게 하소서
생명 살리는 은혜 생수의 강
성령의 생명수
갈한 자를 찾아 소생케 한다
배에서 영생하도록 솟아나게 하는
성령의 생명강수여! 성령이여!

오감

볼 수 있음 감사라
듣게 하심 은혜라
향기 취하게 하심 은총이라
느낄 수 있음 사랑이라
깨달음 주심 감사라
모두가 은혜요 모두가 사랑이요
내면의 사랑 채우심 감사라
미래를 꿈꾸게 하심 은혜요
영원을 보게 하심 사랑이라
생명을 얻고 생명을 살리고
영혼의 소리를 들음이 은사라
천하보다 귀한 생명
천하를 얻는 은혜
가장 큰 선물이요
가장 크신 능력이라
오감의 지혜 속에 선물을 품으리라
영원을…
천국을…

DMZ

평화가 머문 자리
자연보호의 모델 동물의 낙원
포성이 울려도 4킬로미터 구간
넓은 정원처럼 펼쳐지고
새로움으로 바꾸어지는
그날을 기다리리
일촉즉발의 위험스러움
통일의 그림자처럼 드리운다
평화 통일이여!
말씀 통일이여!
속히 오라
손에 손잡고 함께 뛰노는
어린이들의 천국을 만들어
에덴처럼 평화의 동산으로 태어나라
DMZ 신비한 마을로 쓰이리라
미움 전쟁 사라지는 그날에

새벽영성

첫 사랑 깊어지는
첫 시간의 눈맞춤
전능자와 함께 웃는다
속삭임으로 다가선다
때론 눈물로
때론 부르짖음으로
마음 토하고
싱글포커스 사랑의 눈맞춤
선명하게 보이는 영원
아버지 집으로
한걸음 더 가까이 하고
눈이 밝아지고 귀가 열려
아버지 음성에 귀 기울여
내가 너를 아노라
내가 너를 사랑한다
내가 너를 듣는다
두려워 말라
근심하지 말아라
위로 하신다

새벽
처음의 시간 속에서
영성은 깊어져 간다
100회 총회가 다가온다
온전하신 아버지
언약 안으로
사랑 속으로
우리 거룩한 행렬에 서자
신실한 일꾼 세워지고
복음 위상 높여져
한국교계에 희망을 심자
개혁신앙으로
아버지의 절대 주권으로
우리 세워 나가자
화합, 사랑, 비전 속에서
새로운 원년의 시작점에서
광복 70주년 기념의 해로
비상하는 독수리처럼…

새벽영성

새벽을 연다
새날의 시작이다
눈을 뜨는 시간 부활을 경험하고
안식의 잠이 들 때 죽음을 경험하듯
하루의 시간 기도로 연다
하루 승리하면 평생 승리한다
하루 행복하면 평생 행복하다
생각의 승리로 새벽을 열어
영적인 분위기를 밝힌다
전능자와 사귐의 시간
영성이 살아나고 영혼은 춤춘다
기도의 날개는 어디든 갈 수 있다
보좌에까지
새벽영성은 영혼 사랑
새벽영성은 성찰의 지혜
새벽영성은 독수리 학교
더 높이 더 멀리 비상하는 몰입

마음에 뜨는 달

한가위에 더 큰 보름달
마음속에도 달이 뜬다
눈썹달도 뜨고 반달도 뜨고
때로는 슬픈 달도 뜬다
환한 미소 가득한 달 뜨는 날엔
풍성한 기쁨 넘치게 된다
마음에 뜨는 달은 변화무쌍의 달들인 것을
보이지 않아도 마음속에는 언제나 달이 떠있다
둥근 달처럼 온유하신 예수께서 주인되시니
한가위만 같아라
예수님만 닮아라
마음속에 뜨는 달은 언제나 미소 짓는다
언제나 윙크한다
너를 사랑한단다
너와 함께 한단다
네 기도를 듣고 있단다
언제나 뜨는 달

하루

귀하신 주의 선물
하루는 일생의 축소판
희망의 산실 누리게 하시고
시간을 나르는 일출과 일몰
조화의 미학
하루는 기회의 연속
하늘이 열린 날
사랑공동체 열정 속에 피어난 열매
목이 쉬어도 힘이 지쳐도
승리의 함성 속에 웃음 짓는다
내일의 날개를 달고
새로운 날을 향하는
성실호
십자가 깃발 흔들며 하루를 난다
하루는 영원의 찰나
새로운 날에 희망을 건다
더 밝은 내일을 향해…

통일이 오는 소리

광복 70주년 기념의 해
회복의 물결이여!
기다림
기도하는 소리
하늘에 닿아 응답으로 입혀지리라
통일의 소리 들리는 듯
땅에서 매고 하늘에서 매고
땅에서 풀고 하늘에서 풀듯이
통일의 소리 들리어 온다
손에 손잡고 함께 어우러진
백의민족의 혼아 깨어나라
이루어지고 하나가 되고
평화의 나라 도래한다
통일의 한국 선교대국도
경제대국도 멀지 않으리
통일의 소리와 함께 온 세계를 덮어
복음으로 선교로 사랑으로

축 생일 1

59년 전
지구촌에 왕림함에 축하하며
지금까지 인도하신
주의 사랑에 감사하고
희로애락 가운데
동일하신 하나님
한결같으신 하나님
변함없으신 하나님
은혜 있어 감사요
응답 있어 감사요
코메디 웃음 주심 감사요

직관력 은사 있음을 축하해
신비하신 신묘막측하신
참 좋으신 아버지 계심을 축하해
은밀하신 아버지 응답주심 축하해
복된 만남 주셔 감사로 가득 채우시니
축하할 일이요
아끼던 임 권사 보내 놀란 모습이어도

낙원의 소망 있음을 축해해요
온통 감사로 가득 채워도 모자람을 느끼듯
재능도 은사도 미모도 허락하심 축하해요
때론 아직 철이 덜 들어
이해해주지 못하고 헤아려주지 못하는
남편 이제 나이가 들어 그러려니 하며
너그럽게 이해주기를 바라오
외손녀가 외할미와 결혼한다 하니
이 녀석이 동성결혼 얘기를 들었는가 했구만
이제 희망 쪽에만 물을 주면서
남은 삶도 행복하기를 바라오
사명을 위하여
오직 주의 영광 위해
성실공동체의 행복을 위해
영원한 사랑을 위해
구원의 잔을 높이 들며
생일을 축하해

– 아직도 철이 덜든 사랑하는 남편으로부터

축 생일 2

화창한 날에
노오란 노감주나무꽃
활짝 피고
살구 열매 감칠맛 나네
전도에 해피데이로
관심 집중된 당신
주님 감동되어
생명 살리네
맛있는 반찬 만들어
열심히 나르는
모습을 보며
대견스런 영혼사랑
아름다운 마음을 본다
잔심부름을 마구 시킬 때는
힘도 들지만
아무소리 못하는 이유는
영혼에 대한 지극한 정성
알기 때문이지
생일

나이를 거꾸로 먹는
무슨 비법이 있는 듯
구구팔팔이삼사가 변하여
벌떡 다시 일어나
모세수까지 살아가요
사랑하는 사모님
생일 축하해요
전도왕
예수사랑
가득하길
변치 않기를 기대하며…

축 성탄 (트리 점등식에서)

트리에 불 켭니다
구주성탄의 기쁨 속에서
낮은 곳으로 섬기시려
보혈 뿌리시려 오신
아기예수여!
영원한 파멸에서 생명으로
저주에서 평강으로 오신
아기예수여!
우리 이 시간 엄숙하게
큰 기쁨 중에 사랑하는
성무용 시장님 함께
동역자들 함께 축하드려요
놀라운 사랑을 품게 하소서
너는 내 것이라
피 값을 주시고 사신 주시여!
만민이 다 함께 축하드리려
감사하며 기뻐하며 찬양합니다

소외된 이들에게 사랑 전하겠습니다

함께 나누어 가겠습니다
베풀며 사랑하며 용서하십시오
트리점등 하며
고귀하신 사랑 섬김 높여드리며
언제인지 알 수 없는
마감하는 시간이 와도
영원한 하늘나라 바라봅니다

사랑하는 대표회장 세우셨네
사랑하는 모든 동역자
성시화를 위한 열정 살아나고
우리 모두 우리 마음에
아기예수 사랑 품게 하소서
그림자 같은 인생길에서
지명하여 불렀나니
너는 내 것이라 하신 예수여!
영광 받으소서
축하합니다
생명 빛 비추리이다
천안을 밝히소서
대한민국을 밝히소서
온 누리를 밝혀주소서

축 신년

새로운 태양 밝아온다
의미가 다른 모습으로
다가선 날
변화무쌍한 날들에
기대를 걸며
희망의 빛
새롭기를 기도드린다

알 수 없는 미래의 빛
온갖 두려움의 생각을
뒤로한 채
희망의 밝은 태양 빛을
기대한다

지금까지 함께 하신
주 예수여!
새날들에 가득한 은총
함께 채우시리
임마누엘 새 노래

부르게 되리

암울한 북녘 땅에도
희망의 빛 새롭게 하소서
회복 평강 은총의 날들로
만들어 가소서
의미 그리고 자국 사랑의
노래가 쉬지 않기를
십자가 밑에 꿇어
소리 높인다

부록

축시

축 2013 서울국제성시화대회

평화의 물결
한반도를 덮게 하소서
성시화의 물결
서울에서 세계로
평화의 물결을 보라
우리 속에 흐르는
생명수를 보라
파라클레토스의 영으로
서울에서 세계로 흐르게 되리

우리 성령으로 하나 되어
한반도를 엎어 물폭포처럼
1907년 성령의 물결이 흐르게 하자
주여 임하소서
주여 채우소서
주여 힘 있게 흐르게 하소서
겸배한 모습이 되어
바라크 송축의 의미가 깊어지게
이 거룩한 땅에 흐르게 되리

모여진 사랑의 무리 가운데 임하소서
여성대통령 박근혜대통령
세우신 주여
세계로 이제 흐르리라
덮어가리라
경제대국도 선교대국도
성시화를 통한 결실이 되어
서울에서 세계로 넘쳐 흐르리

전 교회가 전 도시를
성시화하는 거룩한 꿈이
펼쳐지게 하소서
서울에서 제주로
서울에서 세계로
거룩한 생명수 흐르게 되리
사천척의 에스겔의 환상처럼
넘쳐 넘쳐 흐르소서
성령의 생명 강수여!

우리 모두의 귀를 열어 주소서
영혼의 신음소리 듣게 하시고
주님의 심장을 품게 하소서
파도 가운데 서핑을 즐기는 무리처럼
성령으로 춤추게 하소서

우리 이 일에 거룩한 도구로
쓰여지리라
국제성시화 대회에서
모든 영광 하나님께
솔리데오 글로리아로
성시화의 물결
서울에서 세계로
오직 예수로…

광복 70주년 기념 시

자유함의 노래
70년을 지나 광복의 자유함으로
통일을 기대하리
남과 북이 함께 어우러져
춤추는 날을 소망하는 기도소리여
하늘 향해 솟아오르라
통일의 염원 응답하시는
전능하신 손으로 이루소서
속히 하나 되는 그날이
눈앞으로 다가와 볼 수 있도록
우리 함께 자유의 꿈
통일의 꿈을 꾸어요
함께 기도해요. 그날을 위한 찬양이
전능하신 아버지께 들려지도록
광복 70주년 기념의 해
신비하신 주의 손길 역사하소서
자유케 하는 날을
통일의 기쁜 날을 주옵소서

축 천안시기독교연합회 회관헌당에 부쳐

평화의 도시
천안 유량동에 우뚝 선
기독교연합회관
주님께 드립니다
우리의 땀을 모으고
사랑을 모아 드립니다
화합의 도구로
주의 영광을 위한 도구로 삼으소서
육십만 가슴 속에 심겨질 복음의 생명
파도치게 하소서
우상들 무너지고
바른 신학사상 세우소서
복음의 산실로 쓰이게 하소서
회관에 왕래하는 발걸음들에
평화 행복 가득하리라
기도의 산실처럼 갈멜산의 응답처럼
하늘문 열어주소서
헌신자들의 자국들
별처럼 빛나리라

천안기독교연합회관
주여 받아주소서
거룩의 도구로 쓰이게 하소서
복음의 불길이 온 나라에
펼쳐지게 하소서
주께 드려지는
시간 속에서
우리 함께 마음을 모읍니다.
함께 어우러지고
코이노니아 사랑 속에서
간절한 소원 모아 드립니다
성령이여 임하시옵소서
나팔소리 울려질 때
큰 영광 임하시리
큰 사랑 나타내시리
솔리데오 글로리아

축 <cbs 내포방송 3주년 기념>에 부쳐

영혼을 살리는 소리
청량제처럼 귀를 열게 하고
희망을 품게 한다
소리를 열어 이제 세 해
원숙해진 cbs 내포방송국
슬픔과 염려 속에 근심에 젖어있을 때
말씀으로 찬양으로 희망을 열게 하고
삶에 지친 영혼에게 비전을 세운다
생명의 소리
감동의 노래
희망의 찬가는 유익한 프로그램
이제 더 멀리 더 많은 영혼들
살리는 강한 메신저 되라
사랑의 가슴으로 이어지게
공감대를 극대화 한다
영원을 품게 하는
희망의 등대여!
생명의 등불이여!
함께 축하하며

기쁨 나누는 복된 자리여라
더 높이 오르는 독수리처럼
이제 비상하라. 내포 cbs 방송국이여!
거룩한 목표를 향한
질주하는 명마 되어
더 많은 생명 살리고
희망을 열어가리라
전파선교사
섬광처럼 빛 되어라
이념을 넘고 장벽을 넘어
생명 살리어
민족의 등불처럼 피어오르리
통일을 꿈꾸어
선교대국으로
경제대국으로
세워 가리라

축 101회 예장총회 총회장취임 감사

해오름처럼 힘 있게
비상하는 독수리처럼
101회 총회수장 되심 축하드려요
새로운 백년 시작
알파의 시간 속에
새겨질 아름다운
자국 기대합니다
존경하는 김 선규 목사님
GMS 40대 이사장으로
한장총 대표로 부흥사로서
한국교계를 새롭게 하소서
혜성처럼 드러나시리
개혁신앙으로
세계 신앙의 지주가 되시어
새로운 백년 희망의 백년
열어가소서

비상하는
백년의 시작되게 하소서

장자의 위상을 세워가소서
바라크 송축의 의미를 남기시어
새로움으로 의미를 남기는
카이로스의 시간 되시고
역사 속에 아름다운 자국
스티그마 되어 길이 빛나소서
오직 예수로 마라나타로
오직 믿음으로
하나님의 영광으로
솔리데오 그로리아로 우뚝 세워 지소서

<축시> 광복 70주년 통일맞이 기도회

70년 바벨론 포로에서 자유케 되듯이
광복 70주년 맞는 의미 있는 을미년
기대하듯 통일 꿈 이루어지리
땅에서 매면 하늘에서 매리라 하신
언약의 주시여!
이루소서
역사하소서
응답하소서
우리 함께 기도드린다.
마음 모으고 뜻 모아
신음하는 북녘 땅
사랑의 가족들에게
오! 주여, 자유케 하소서
긍휼을 베푸소서
닫힌 철책선 거두소서
굳어진 마음 열어주소서
성령의 역사와 함께
생수의 강 흐르게 하소서
동일하신

변함없으신
한결같으신
사랑의 주여!
속히 응답하소서
통일 대박의 커다란 꿈
활짝 응답하소서
속히 응답하소서
주여! 영광 받으소서
통일맞이 기다림 속에서
모든 성도들의 새벽 깨우는
기도 주여!
들어주소서
용서하소서
응답하소서.

– 광복 70주년 통일맞이 기도회에서

내포방송 4주년기념 축시

생명 살리는 소리여!
광야의 외침처럼
전파를 탄다
의미를 남기고
가치관을 새롭게
사명을 위한 고귀한 사역이여!
4주년 짧은 시간 속에
위로의 소리
평화의 외침
고독한 자 소외된 자
깊은 고뇌 속에
탄식하는 자를 찾아
위로의 음성 되고
시원한 생수 되어
갈한 영혼을 깨우는 소리
변함없으신 사랑을
한결같으신 자애를
전하고 있네
우리 하나의 길을 위하여

의미를 남기자!
열정을 쏟자
님이 오시는 날을 위하여
더 힘차게 오르라!
더 높이 솟아라!
내포CBS방송국
4주년을 축하하며
신실하신 지영한 본부장 세우셨도다.
투쟁 속에서
그 나라 그 의를 위한
거룩한 투쟁
십자가 깃발 흔들어
주의 영광 들어내리라!
비상하는 독수리처럼
내포방송국 솟아오르라!
가슴으로 이어지는
십자가 사랑 드러내는
거룩한 도구여!
내포방송이여!

100회 총회, 총회장 취임

희년을 두 번 지난다
용서, 화해로 공의가 살아나고 희망이 보인다
새로운 출발을 위한 다시 백년이 흐르면
원대한 포부들 드러나고 꿈 새롭게 피어나리
백회 의미 있는 총회에서 새로운 총회장 세우셨네
이후로도 십자가 깃발은 세계로 향하고
GMS에서 하나님의 큰 기쁨 되셨네
주께서 세우시니 만사는 아버지 손길
전능자의 은혜
장자교단의 명목을 지켜 세계 속에 한국이 우뚝 서리라
광복 70주년의 기쁨 이어지도록
일어나라 빛을 발하라